DES FEUX DE CAMP AUX ÉCRANS

L'Épopée des Contes à Travers les Âges

Cedric YKS

CYKS

CONTENTS

Title Page

Introduction   1

Chapitre 1 : Les Origines des Contes   3

Chapitre 2 : La Transmission Orale   11

Chapitre 3 : La Collecte et la Formalisation des Contes   19

Chapitre 4 : L'Adaptation Littéraire des Contes   28

Chapitre 5 : Les Contes dans la Littérature Moderne   37

Chapitre 6 : Les Contes dans les Médias Modernes   46

Chapitre 7 : L'Impact des Contes sur la Société Moderne   56

Conclusion   66

INTRODUCTION

Les contes représentent l'un des trésors les plus précieux de l'humanité, véhiculant des valeurs, des leçons et des histoires à travers les âges. Depuis les récits racontés autour des feux de camp des tribus ancestrales jusqu'aux histoires modernes présentes dans les livres, les films et les jeux vidéo, les contes ont évolué de manière fascinante tout en conservant leur essence intemporelle. Ce livre explore cette évolution, examinant comment les contes ont été transmis, transformés et adaptés au fil des siècles, tout en influençant et en étant influencés par les contextes culturels et sociaux.

Les premières formes de contes étaient essentiellement orales, racontées par les anciens de la tribu, les griots et les bardes. Ces récits, souvent enrichis par les conteurs eux-mêmes, servaient non seulement à divertir, mais aussi à éduquer et à préserver la culture et les valeurs de la communauté. À mesure que les sociétés évoluaient, ces histoires ont commencé à être consignées par écrit, marquant le début d'une nouvelle ère pour les contes. Des collecteurs comme les frères Grimm et Charles Perrault ont joué un rôle crucial dans la formalisation et la préservation de ces récits.

Avec l'avènement de l'imprimerie et la montée en popularité des contes écrits, ces histoires ont atteint un public beaucoup plus large. Les contes ont alors subi diverses transformations influencées par les contextes culturels et historiques de leurs auteurs. Ce livre s'intéresse également à la manière dont les contes ont été adaptés dans la littérature moderne, où ils continuent de captiver les lecteurs et de se réinventer sous de nouvelles formes.

Aujourd'hui, les contes ne se limitent plus aux livres. Ils sont omniprésents dans les films, les séries télévisées, les jeux vidéo et même les bandes dessinées. Ces adaptations modernes ont permis aux contes de conserver leur pertinence et leur attrait dans une ère numérique. Enfin, ce livre explore l'impact des contes sur la société contemporaine, examinant leur rôle dans l'éducation, la culture et le développement personnel.

À travers les chapitres qui suivent, nous plongerons dans l'histoire riche et variée des contes, en explorant les nombreuses façons dont ils ont évolué et continuent de fasciner les générations. Que vous soyez un passionné de littérature, un étudiant ou simplement un amoureux des histoires, ce voyage à travers le monde des contes promet d'être à la fois instructif et enchanteur.

Nous espérons que vous apprécierez ce livre et qu'il vous inspirera à redécouvrir la magie des contes de fées. Si vous avez aimé votre lecture, nous vous invitons à laisser un commentaire et à nous donner une note. Vos retours sont précieux et nous aident à améliorer continuellement nos œuvres pour mieux répondre à vos attentes et à vos passions. Merci de votre soutien et bonne lecture !

CHAPITRE 1 : LES ORIGINES DES CONTES

Ce premier chapitre explore les premières traces de contes dans les cultures anciennes, leur rôle dans les sociétés orales, ainsi que les différents types de contes et leurs fonctions spécifiques. En remontant aux sources, nous découvrons comment ces histoires ont commencé et ce qui les a rendues si durables à travers les âges.

1.1 Les premières traces de contes
dans les cultures anciennes

Les premières traces de contes remontent à des milliers d'années, bien avant l'invention de l'écriture. Ces récits étaient transmis oralement et jouaient un rôle central dans la vie des premières sociétés humaines. Les archéologues et les historiens ont découvert des preuves de contes anciens à travers des gravures, des peintures rupestres et des textes anciens, qui révèlent l'importance de la narration dans la culture humaine.

Dans l'Égypte ancienne, des récits comme celui de Sinouhé ou le Conte des deux frères témoignent de l'usage des histoires pour transmettre des valeurs morales et des leçons de vie. Les scribes égyptiens consignaient ces récits sur des papyrus, les rendant ainsi accessibles aux générations futures. Ces contes mettaient souvent en scène des dieux, des héros et des événements surnaturels, reflétant la vision du monde et les croyances de cette époque.

En Mésopotamie, l'Épopée de Gilgamesh est l'un des exemples les plus anciens de littérature épique. Gravée sur des tablettes d'argile en écriture cunéiforme, cette épopée raconte les aventures du roi Gilgamesh et explore des thèmes universels tels que l'amitié, la quête de l'immortalité et la confrontation avec la mort. Ce récit épique a eu une influence durable sur la littérature et les contes qui ont suivi.

Les cultures anciennes de l'Inde, comme en témoignent les Védas et les épopées du Mahabharata et du Ramayana, utilisaient également des contes pour transmettre des enseignements religieux et philosophiques. Ces récits étaient souvent chantés ou récités par des poètes itinérants et jouaient un rôle crucial dans la transmission des connaissances et des traditions.

En Chine, les contes anciens se retrouvent dans des œuvres telles que les Annales des Printemps et Automnes et les histoires de Zhuangzi. Ces récits, souvent empreints de sagesse taoïste et confucéenne, étaient utilisés pour illustrer des principes éthiques et philosophiques. Les fables et les anecdotes courtes permettaient de transmettre des leçons de vie de manière accessible et mémorable.

Les cultures grecque et romaine ont également contribué de manière significative à la tradition des contes. Les mythes grecs, comme ceux relatés par Homère dans l'Iliade et l'Odyssée, et les métamorphoses d'Ovide, ont posé les fondations de la mythologie occidentale. Ces récits étaient riches en personnages divins, héros et aventures, et ont servi de source d'inspiration pour la littérature européenne ultérieure.

Les contes des cultures anciennes révèlent non seulement la richesse de l'imagination humaine, mais aussi la diversité des contextes culturels et historiques dans lesquels ces histoires ont été créées et transmises. Ils constituent les fondations sur lesquelles les contes modernes se sont construits, témoignant de l'universalité et de la pérennité de la tradition narrative.

1.2 Rôle des contes dans les sociétés orales

Dans les sociétés orales, les contes occupaient une place centrale en tant que moyen de transmission des connaissances, des valeurs et des traditions. Avant l'invention de l'écriture, les histoires étaient le principal vecteur de communication et de préservation de la culture. Elles permettaient de relier les générations entre elles et de renforcer les liens au sein de la communauté.

Les contes servaient avant tout à éduquer. Ils transmettaient les leçons de vie, les règles de conduite et les normes sociales de manière accessible et mémorable. Par exemple, les contes moraux, comme ceux de l'Égypte ancienne ou les fables de la Grèce antique, enseignaient des valeurs telles que l'honnêteté, la bravoure et la sagesse. En racontant des histoires, les anciens inculquaient aux jeunes générations les comportements acceptables et les principes éthiques à suivre.

Outre leur fonction éducative, les contes jouaient également un rôle de divertissement. Dans de nombreuses cultures, les soirées étaient consacrées à la narration d'histoires autour du feu. Ces moments de partage étaient essentiels pour renforcer la cohésion sociale et offrir une évasion des réalités quotidiennes. Les conteurs, souvent des personnages charismatiques et respectés, utilisaient leur talent pour captiver leur auditoire, mêlant suspense, humour et émotion.

Les contes avaient également une fonction rituelle et sacrée. Dans certaines sociétés, les récits étaient intégrés aux cérémonies religieuses et aux rites de passage. Ils servaient à expliquer les origines du monde, les relations entre les hommes et les dieux, et à justifier les pratiques rituelles. Les mythes et les légendes, par exemple, fournissaient des explications symboliques aux phénomènes naturels et aux événements historiques, renforçant ainsi la foi et la cohésion spirituelle de la communauté.

La transmission des contes se faisait principalement de manière orale, mais elle n'était pas dénuée de structure. Les récits étaient souvent encadrés par des formules d'introduction et de conclusion, des refrains et des motifs récurrents qui facilitaient leur mémorisation. Les conteurs utilisaient des techniques narratives spécifiques, comme le rythme, la répétition et le dialogue, pour animer leurs histoires et en assurer la transmission fidèle.

Enfin, les contes jouaient un rôle politique et social. Ils pouvaient servir à critiquer indirectement les autorités, à transmettre des messages de résistance ou à renforcer les revendications identitaires. Dans de nombreuses cultures, les récits de héros et de figures emblématiques étaient utilisés pour promouvoir l'unité et l'orgueil national, tout en fournissant des modèles de comportement à imiter.

Ainsi, les contes dans les sociétés orales étaient bien plus que de simples divertissements. Ils constituaient un pilier de la transmission culturelle, un outil éducatif puissant et un moyen de renforcer les liens communautaires. À travers les âges et les cultures, les contes ont permis de perpétuer les savoirs, les valeurs et les croyances, jouant un rôle essentiel dans la formation de l'identité collective.

1.3 Types de contes (mythes, légendes, fables) et leurs fonctions

Les contes se présentent sous diverses formes, chacune ayant ses caractéristiques distinctes et ses fonctions spécifiques au sein des sociétés orales. Parmi les types de contes les plus répandus, on trouve les mythes, les légendes et les fables. Chacun de ces genres remplit des rôles variés, allant de l'explication des phénomènes naturels à l'enseignement de leçons morales.

Les Mythes

Les mythes sont des récits sacrés qui cherchent à expliquer les grandes questions existentielles et les phénomènes naturels. Ils mettent souvent en scène des dieux, des esprits et des héros mythiques, et sont intégrés aux croyances religieuses et aux pratiques rituelles d'une culture. Les mythes abordent des thèmes universels tels que la création du monde, la naissance des dieux, les origines de l'humanité et les catastrophes cosmiques.

Par exemple, le mythe de la création dans la mythologie grecque raconte comment le monde est né du chaos primordial et comment les dieux de l'Olympe ont pris le pouvoir. De même, dans la mythologie égyptienne, le mythe d'Osiris explique les cycles de la vie et de la mort et la résurrection, symbolisant l'ordre et la justice. Ces récits servent à structurer la vision du monde des sociétés, à légitimer les institutions sociales et politiques et à offrir une explication cohérente des mystères de l'univers.

Les Légendes

Les légendes sont des récits qui mêlent faits historiques et éléments fictifs, souvent centrés sur des personnages héroïques ou des événements marquants. Contrairement aux mythes, les légendes sont généralement perçues comme ayant un fondement réel, même si elles sont embellies et transformées au fil du temps. Elles servent à glorifier des figures emblématiques, à célébrer des exploits remarquables et à renforcer l'identité collective d'un groupe ou d'une nation.

Un exemple emblématique est la légende du roi Arthur et des Chevaliers de la Table Ronde. Bien que l'existence historique d'Arthur soit incertaine, ses aventures et ses valeurs chevaleresques ont eu une influence durable sur la culture européenne. De même, les légendes des héros épiques comme Gilgamesh en Mésopotamie ou Beowulf en Scandinavie sont des récits qui exaltent le courage, la loyauté et la quête de l'honneur. Ces histoires inspirent et unissent les communautés en leur offrant des modèles de comportement exemplaires.

Les Fables

Les fables sont des contes brefs qui utilisent des animaux anthropomorphes, des objets inanimés ou des personnages fictifs pour transmettre des leçons morales ou des vérités pratiques. Elles sont souvent didactiques et visent à enseigner des principes éthiques ou des conseils de vie de manière simple et mémorable. Les fables sont particulièrement populaires dans l'éducation des enfants, mais elles ont aussi une portée universelle et intemporelle.

Les fables d'Ésope, comme "Le Lièvre et la Tortue" ou "La Cigale et la Fourmi", sont parmi les exemples les plus célèbres. Ces récits utilisent des situations concrètes et des personnages facilement reconnaissables pour illustrer des leçons sur la prudence, la persévérance, l'humilité et la sagesse. De même, les fables de Jean de La Fontaine ont marqué la littérature française en combinant humour, satire sociale et enseignements moraux.

Fonctions des Types de Contes

Chacun de ces types de contes joue un rôle crucial dans la transmission culturelle. Les mythes offrent des explications métaphysiques et renforcent les croyances religieuses. Les légendes glorifient les héros et les événements historiques, cimentant l'identité collective et la fierté communautaire. Les fables enseignent des leçons morales et pratiques, aidant les individus à naviguer dans leur vie quotidienne et à comprendre les valeurs de leur société.

En somme, les différents types de contes enrichissent la culture orale en remplissant des fonctions complémentaires. Ils transmettent des savoirs essentiels, inculquent des valeurs et unissent les communautés autour de récits partagés. À travers les âges et les civilisations, les mythes, les légendes et les fables ont contribué à façonner la compréhension du monde et à perpétuer les traditions culturelles.

CHAPITRE 2 : LA TRANSMISSION ORALE

Ayant établi les origines et les types de contes, nous nous tournons maintenant vers la manière dont ces récits ont été transmis de génération en génération avant l'avènement de l'écriture. Ce chapitre se concentre sur la transmission orale des contes, le rôle crucial des conteurs itinérants, et la propagation de ces histoires à travers les villages et les régions. Nous explorerons également comment les contes étaient racontés lors des cérémonies et des fêtes, et comment ils se sont adaptés aux variations régionales.

2.1 La propagation des contes à travers les villages et les régions

La propagation des contes à travers les villages et les régions s'est effectuée principalement grâce à la tradition orale, où les récits étaient transmis de bouche à oreille. Ce processus a été grandement facilité par les conteurs itinérants, mais il s'est également appuyé sur les interactions sociales et les rassemblements communautaires.

Dans les sociétés traditionnelles, les contes étaient souvent racontés lors de rassemblements sociaux, tels que les veillées au coin du feu, les fêtes de village et les marchés. Ces occasions permettaient aux membres de la communauté de se retrouver et de partager des histoires, renforçant ainsi les liens sociaux et la cohésion communautaire. Les contes servaient de divertissement, mais aussi de moyen de transmettre des valeurs et des connaissances.

Les fêtes religieuses et les cérémonies étaient des moments privilégiés pour la narration des contes. À ces occasions, les histoires prenaient une dimension sacrée et rituelle, intégrées aux célébrations pour illustrer les croyances et les enseignements spirituels de la communauté. Par exemple, des récits mythologiques étaient souvent racontés lors des festivités pour expliquer l'origine des rites et des traditions locales.

La migration et les échanges commerciaux jouaient également un rôle crucial dans la diffusion des contes. Les marchands, les artisans et les voyageurs transportaient avec eux non seulement des marchandises, mais aussi des histoires qu'ils avaient entendues en chemin. Ces récits se mélangeaient et s'adaptaient aux nouvelles cultures rencontrées, enrichissant ainsi le patrimoine narratif de chaque région. Les routes commerciales devenaient des voies de transmission culturelle, où les contes circulaient librement et évoluaient au fil des rencontres.

Les mariages entre personnes de différentes communautés étaient une autre voie de propagation des contes. Lors de ces unions, les familles et les invités échangeaient des histoires, intégrant ainsi de nouveaux récits dans leur propre répertoire. Ces échanges interculturels favorisaient la diversification des contes et leur adaptation aux contextes locaux.

Les guerres et les conquêtes, bien que souvent destructrices, ont également contribué à la diffusion des contes. Les peuples conquis et conquérants échangeaient leurs traditions narratives, intégrant des éléments étrangers dans leurs propres récits. Les histoires de bravoure, de résistance et de réconciliation étaient particulièrement populaires, reflétant les expériences partagées de conflit et de coexistence.

Les systèmes éducatifs informels jouaient un rôle dans la propagation des contes. Les anciens et les sages de la communauté étaient souvent responsables de l'éducation des jeunes, utilisant les contes pour transmettre des connaissances et des leçons de vie. Les enfants apprenaient ainsi les récits dès leur plus jeune âge, et en grandissant, ils perpétuaient la tradition en racontant à leur tour les histoires qu'ils avaient entendues.

Enfin, les migrations forcées, comme celles des esclaves et des réfugiés, ont également contribué à la diffusion des contes à travers le monde. Bien que ces migrations soient souvent douloureuses, elles ont permis aux récits de voyager et de s'adapter à de nouveaux environnements. Les contes transportés par ces populations ont enrichi le patrimoine culturel des régions d'accueil, créant des récits hybrides qui témoignent de la résilience et de la créativité humaine.

En somme, la propagation des contes à travers les villages et les régions a été un processus dynamique et multifacette. Grâce aux conteurs itinérants, aux échanges commerciaux, aux mariages interculturels, et aux migrations, les histoires ont voyagé, évolué et se sont adaptées, contribuant à la diversité et à la richesse des traditions orales à travers le monde.

2.2 Le rôle des conteurs
itinérants et leur influence

Les conteurs itinérants, souvent appelés bardes, troubadours ou griots selon les cultures, ont joué un rôle crucial dans la transmission des contes à travers les âges. En voyageant de village en village, ces narrateurs ont non seulement préservé les histoires traditionnelles, mais ont également contribué à leur évolution et à leur propagation.

Les conteurs itinérants étaient des figures respectées et admirées. Leur talent pour raconter des histoires captivantes et leur capacité à captiver l'auditoire leur conféraient une place spéciale dans les communautés. Ils possédaient une mémoire exceptionnelle et une connaissance approfondie des récits et des traditions locales. Leur influence s'étendait au-delà du simple divertissement ; ils étaient les gardiens de la culture et des valeurs de leur société.

En se déplaçant de lieu en lieu, les conteurs facilitaient l'échange culturel entre différentes régions. Ils apportaient avec eux des histoires de contrées lointaines, introduisant de nouvelles idées et perspectives aux communautés qu'ils visitaient. Cette mobilité permettait une diversité et une richesse narratives, car chaque conteur adaptait les récits en fonction de son auditoire et de ses propres expériences.

Les conteurs itinérants utilisaient divers moyens pour raconter leurs histoires. Certains privilégiaient la parole, modulant leur voix pour donner vie aux personnages et aux événements. D'autres intégraient la musique et le chant dans leurs performances, utilisant des instruments tels que la lyre, le luth ou le tambour pour rythmer leur récit et renforcer l'impact émotionnel des histoires. Les ballades, en particulier, étaient un moyen populaire de narration, mêlant poésie et mélodie pour transmettre des récits épiques ou romantiques.

Leurs récits étaient souvent interactifs, impliquant le public dans le processus narratif. Les auditeurs pouvaient poser des questions, réagir aux développements de l'histoire ou même influencer la direction du récit. Cette participation active renforçait le lien entre le conteur et son auditoire, rendant chaque performance unique et mémorable.

Les conteurs itinérants jouaient également un rôle dans l'éducation informelle. À travers leurs histoires, ils transmettaient des connaissances sur l'histoire, la géographie, la morale et la vie quotidienne. Les contes servaient de vecteurs pour les leçons de vie, les avertissements et les conseils pratiques, contribuant ainsi à la formation des jeunes générations et au maintien des traditions.

En outre, ces narrateurs étaient souvent des chroniqueurs informels, relatant les événements historiques et les exploits des héros locaux. Leurs récits, bien que parfois embellis, offraient une version populaire de l'histoire, différente des chroniques officielles. Cette perspective populaire enrichissait la compréhension collective des événements et des personnages marquants.

L'influence des conteurs itinérants était donc profonde et multifacette. En tant que porteurs de la tradition orale, ils ont joué un rôle indispensable dans la préservation et la diffusion des contes, contribuant à la richesse culturelle des sociétés à travers le monde. Leur héritage perdure, et leur contribution à l'évolution des contes reste inestimable.

2.3 Variations et adaptations régionales des contes

Les contes, en se propageant à travers les villages et les régions, ont naturellement subi des variations et des adaptations. Chaque communauté, influencée par son environnement, ses croyances et ses traditions, a apporté des modifications aux récits originaux, créant ainsi une multitude de versions d'un même conte. Ces variations régionales témoignent de la richesse et de la diversité des traditions orales à travers le monde.

Les adaptations régionales des contes étaient souvent influencées par le cadre géographique et les conditions climatiques locales. Par exemple, un conte raconté dans une région montagneuse pouvait inclure des éléments spécifiques tels que des sommets enneigés, des vallées profondes ou des animaux endémiques, tandis que le même conte, narré dans une région côtière, intégrerait des éléments marins comme des plages, des tempêtes ou des créatures de la mer. Ces adaptations permettaient aux auditeurs de mieux s'identifier aux histoires et aux personnages, rendant les récits plus pertinents et engageants.

Les croyances religieuses et les pratiques spirituelles locales jouaient également un rôle majeur dans la variation des contes. Un récit mythologique pouvait être modifié pour refléter les divinités, les esprits et les mythes propres à une culture donnée. Ainsi, une histoire de création ou de héros pouvait avoir des versions différentes selon qu'elle était racontée dans une région où dominaient le polythéisme, le christianisme, l'islam ou toute autre religion. Ces variations permettaient aux contes de s'intégrer harmonieusement dans le tissu culturel et spirituel des communautés.

Les normes sociales et les valeurs morales locales influençaient également les adaptations des contes. Par exemple, les récits mettant en avant des comportements héroïques, des valeurs de courage, de justice ou de sagesse étaient souvent modifiés pour refléter les idéaux spécifiques de chaque société. Un héros dans une version d'un conte pouvait être un guerrier vaillant dans une culture guerrière, tandis qu'il pouvait être un sage pacifique dans une culture valorisant la non-violence. Ces variations permettaient aux contes de servir de guides moraux adaptés aux contextes sociaux spécifiques.

Les interactions culturelles et les échanges commerciaux contribuaient également aux variations des contes. Lorsqu'un conte était raconté dans une région influencée par plusieurs cultures, il pouvait intégrer des éléments de chacune d'elles, créant des récits hybrides. Par exemple, les contes de Sinbad le Marin, issus des Mille et Une Nuits, montrent des influences de la culture arabe, indienne, persane et même chinoise, reflétant les vastes réseaux commerciaux de l'époque. Ces adaptations enrichissaient les récits et les rendaient plus universels.

Les contextes historiques et politiques jouaient aussi un rôle dans la transformation des contes. Les événements historiques majeurs, tels que les guerres, les révolutions et les migrations, laissaient leur empreinte sur les récits. Un conte pouvait être modifié pour inclure des allusions à des batailles célèbres, des leaders charismatiques ou des mouvements de résistance, offrant ainsi des messages d'espoir, de courage ou de résistance aux auditeurs. Ces adaptations permettaient aux contes de rester pertinents et inspirants dans des contextes changeants.

Enfin, les conteurs eux-mêmes, avec leur créativité et leur style personnel, apportaient des variations aux récits qu'ils narraient. Chaque conteur, en fonction de son expérience, de sa personnalité et de son auditoire, pouvait ajouter, omettre ou modifier des éléments du conte. Cette flexibilité narrative permettait aux contes de s'adapter à différents contextes et de se renouveler constamment, assurant ainsi leur survie à travers les âges.

En résumé, les variations et adaptations régionales des contes reflètent la diversité culturelle et la richesse des traditions orales. En intégrant des éléments géographiques, religieux, sociaux, culturels et historiques, les contes ont évolué et se sont transformés, créant une mosaïque de récits uniques et fascinants. Ces adaptations régionales témoignent de la capacité des contes à s'adapter et à perdurer, offrant des histoires intemporelles qui continuent de captiver et d'inspirer les générations.

CHAPITRE 3 : LA COLLECTE ET LA FORMALISATION DES CONTES

La transmission orale des contes a permis de préserver ces histoires pendant des siècles. Cependant, ce n'est qu'avec la collecte et la formalisation par des figures clés comme les frères Grimm et Charles Perrault que ces récits ont été immortalisés dans des formes écrites. Ce chapitre examine le travail de ces collecteurs et folkloristes, leur impact sur la formalisation des contes, et la contribution d'autres collecteurs à travers le monde.

3.1 Les frères Grimm et la collecte des contes allemands

Les frères Grimm, Jacob et Wilhelm, sont sans doute les collecteurs de contes les plus célèbres de l'histoire. Leur travail, entrepris au début du XIXe siècle, a non seulement préservé une vaste collection de contes populaires allemands, mais a également posé les bases de la recherche moderne en folklore. Leur recueil, "Contes de l'enfance et du foyer" (Kinder- und Hausmärchen), publié pour la première fois en 1812, a eu un impact durable sur la littérature et la culture populaires.

Jacob (1785-1863) et Wilhelm Grimm (1786-1859) étaient des philologues et des linguistes passionnés par la culture et la langue allemandes. Ils vivaient à une époque de bouleversements politiques et culturels en Allemagne, marquée par le mouvement romantique, qui valorisait les traditions populaires et le patrimoine national. Motivés par le désir de préserver les contes traditionnels allemands et de contribuer à l'unité culturelle de leur pays, les frères Grimm ont entrepris de collecter et de publier ces récits.

Leur méthode de collecte des contes était rigoureuse et systématique. Les frères Grimm se rendaient dans les villages et les petites villes, interrogeant les habitants pour recueillir les histoires transmises oralement de génération en génération. Ils écoutaient attentivement les récits des paysans, des artisans et des conteurs locaux, notant les détails avec soin. Contrairement à certaines idées reçues, ils ne se contentaient pas de retranscrire mécaniquement les contes, mais apportaient parfois des modifications pour rendre les histoires plus cohérentes et accessibles à un public plus large.

Les contes recueillis par les frères Grimm reflètent une diversité de thèmes et de motifs, allant des histoires de princesses et de princes aux récits de ruse et de malice, en passant par les fables animalières et les légendes surnaturelles. Parmi les contes les plus célèbres de leur recueil, on trouve "Blanche-Neige", "Cendrillon", "Hansel et Gretel" et "Le Petit Chaperon Rouge". Ces histoires, bien que profondément enracinées dans la tradition orale allemande, possèdent une universalité qui leur a permis de transcender les frontières culturelles.

Le travail des frères Grimm ne se limitait pas à la simple collecte de contes. Ils étaient également des chercheurs et des universitaires de renom, et leur approche de la collecte des contes était influencée par leur formation académique. Ils considéraient les contes populaires comme des vestiges précieux de la mythologie et de la culture germaniques anciennes. Leur objectif était de préserver ces récits dans leur forme la plus pure possible, tout en les rendant accessibles à un public moderne.

L'impact des "Contes de l'enfance et du foyer" des frères Grimm a été immense. Leur recueil a non seulement sauvé de l'oubli de nombreux contes traditionnels, mais il a également inspiré des générations d'écrivains, d'artistes et de chercheurs. Les contes des frères Grimm ont été traduits dans de nombreuses langues et ont donné lieu à d'innombrables adaptations, tant littéraires que cinématographiques. Ils ont contribué à populariser le genre du conte de fées et à établir une tradition de collecte et de préservation du folklore.

Les frères Grimm ont également joué un rôle clé dans le développement des études de folklore en tant que discipline académique. Leur approche méthodique et leur souci de l'authenticité ont servi de modèle à de nombreux folkloristes ultérieurs. Leur travail a mis en lumière l'importance de la tradition orale et a souligné la valeur culturelle des contes populaires.

En conclusion, les frères Grimm ont apporté une contribution inestimable à la préservation et à la diffusion des contes populaires allemands. Leur travail de collecte, motivé par un profond amour de la culture et de la langue, a permis de sauver de nombreux récits de l'oubli et de les rendre accessibles à un public mondial. Grâce à leur passion et à leur rigueur, Jacob et Wilhelm

Grimm ont laissé un héritage durable qui continue d'enrichir notre compréhension et notre appréciation des contes de fées.

3.2 L'impact de Charles Perrault sur la formalisation des contes de fées en France

Charles Perrault (1628-1703) est largement reconnu pour avoir joué un rôle crucial dans la formalisation des contes de fées en France. À la fin du XVIIe siècle, il a publié un recueil intitulé "Histoires ou contes du temps passé, avec des moralités" (1697), communément connu sous le nom de "Les Contes de ma mère l'Oye". Ce recueil comprenait des contes qui sont devenus des classiques intemporels, tels que "Le Petit Chaperon Rouge", "Cendrillon", "La Belle au bois dormant" et "Le Petit Poucet".

Perrault, un écrivain et académicien français, était bien intégré dans les cercles littéraires et culturels de son époque. Sa carrière a débuté sous le règne de Louis XIV, et il était membre de l'Académie française. Bien que ses premières œuvres soient principalement des poèmes et des récits en prose, c'est son recueil de contes qui lui a valu une renommée durable.

L'un des aspects les plus significatifs de l'œuvre de Perrault est sa capacité à adapter les contes populaires de la tradition orale pour un public aristocratique et lettré. Contrairement aux récits souvent bruts et simplistes des traditions orales, les contes de Perrault sont raffinés, élégants et souvent accompagnés de morales explicites. Par exemple, dans "Le Petit Chaperon Rouge", Perrault avertit clairement les jeunes filles des dangers de parler à des inconnus, transformant ainsi un simple récit en un avertissement moral.

Perrault a également contribué à fixer les formes et les motifs des contes de fées. Il a établi des structures narratives et des archétypes de personnages qui sont devenus emblématiques du genre. Ses contes comportent souvent des éléments surnaturels, des personnages en détresse sauvés par des interventions magiques et des fins heureuses où la vertu est récompensée. Ces caractéristiques ont défini le modèle des contes de fées classiques et ont influencé les générations suivantes d'écrivains et de conteurs.

L'impact de Perrault s'étend au-delà de la France. Ses contes ont été rapidement traduits et diffusés dans toute l'Europe, influençant des auteurs tels que les frères Grimm en Allemagne et Hans Christian Andersen au Danemark. Les récits de Perrault, avec leur charme et leur sophistication, ont contribué à populariser le genre du conte de fées à une échelle internationale.

Perrault a également été un pionnier dans l'utilisation de la littérature pour enfants. Avant lui, les contes de fées étaient principalement destinés aux adultes et étaient souvent racontés dans des contextes sociaux comme les salons littéraires. En écrivant ses contes pour un public plus jeune, Perrault a ouvert la voie à une tradition de littérature jeunesse qui perdure encore aujourd'hui. Ses récits, à la fois simples et riches en enseignements, ont captivé l'imagination des enfants et ont établi des normes pour les futures œuvres de littérature pour enfants.

Le style de Perrault, mêlant simplicité narrative et élégance littéraire, a également eu un impact durable sur la manière dont les contes de fées sont écrits et racontés. Sa capacité à transformer des histoires populaires en œuvres littéraires raffinées a inspiré de nombreux auteurs à suivre son exemple, en faisant des contes de fées un genre respecté et apprécié dans le monde littéraire.

En conclusion, Charles Perrault a joué un rôle déterminant dans la formalisation et la popularisation des contes de fées en France et au-delà. Par son recueil "Les Contes de ma mère l'Oye", il a non seulement préservé des histoires issues de la tradition orale, mais il les a également transformées en œuvres littéraires sophistiquées, accessibles à un large public. Son influence continue de se faire sentir dans la littérature pour enfants et dans la manière dont les contes de fées sont perçus et appréciés à travers le monde.

3.3 La contribution d'autres collecteurs et folkloristes à travers le monde

Au-delà des célèbres travaux des frères Grimm et de Charles Perrault, de nombreux collecteurs et folkloristes à travers le monde ont joué un rôle crucial dans la préservation et la diffusion des contes populaires. Leur travail a permis de sauvegarder une riche diversité de récits traditionnels et de les faire connaître à un public plus large.

L'un des collecteurs les plus notables en Russie est Alexandre Afanassiev (1826-1871). Son recueil "Narodnye russkie skazki" (Contes populaires russes), publié entre 1855 et 1863, est une collection exhaustive de contes traditionnels russes. Afanassiev, souvent comparé aux frères Grimm, a rassemblé des récits issus de la tradition orale paysanne, préservant des histoires telles que "Vassilissa la Belle" et "L'Oiseau de Feu". Son travail a été crucial pour la préservation de la culture russe et a influencé de nombreux écrivains et artistes, dont Rimsky-Korsakov et Stravinsky.

En Scandinavie, Peter Christen Asbjørnsen (1812-1885) et Jørgen Moe (1813-1882) sont reconnus pour leur collection de contes norvégiens, publiée pour la première fois en 1841. Leur recueil, intitulé "Norske Folkeeventyr" (Contes populaires norvégiens), a rassemblé des histoires telles que "Le Prince Héros" et "Les Trois Boucs Bourrus". Asbjørnsen et Moe ont joué un rôle similaire à celui des frères Grimm, en travaillant à une époque de renouveau nationaliste et en cherchant à préserver l'héritage culturel norvégien. Leur collecte de contes a également eu une influence significative sur la littérature et la culture norvégiennes.

En Finlande, Elias Lönnrot (1802-1884) a compilé "Kalevala", une épopée nationale finlandaise, publiée pour la première fois en 1835. Basée sur des poèmes épiques et des chansons populaires recueillis auprès des chanteurs traditionnels, "Kalevala" a joué un rôle central dans l'éveil du nationalisme finlandais et la formation de l'identité nationale. L'œuvre de Lönnrot a également inspiré des compositeurs comme Jean Sibelius et a renforcé l'intérêt pour la culture finlandaise.

Andrew Lang (1844-1912), un folkloriste écossais, a popularisé les contes de fées en langue anglaise grâce à sa série de livres connus sous le nom de "The Rainbow Fairy Books". Publiés entre 1889 et 1910, ces volumes colorés rassemblent des contes du monde entier, offrant une vaste collection d'histoires à un public anglophone. Lang a non seulement traduit et adapté des contes européens classiques, mais il a également inclus des récits d'Asie, d'Afrique et des Amériques, élargissant ainsi l'horizon des lecteurs et introduisant des cultures diverses dans la littérature pour enfants.

En Italie, Italo Calvino (1923-1985) a contribué de manière significative à la préservation des contes populaires italiens. Son recueil "Fiabe Italiane" (Contes italiens), publié en 1956, est une collection de contes traditionnels recueillis dans différentes régions d'Italie. Calvino, déjà un écrivain renommé, a apporté une sensibilité littéraire unique à ces histoires, les rendant accessibles et attrayantes pour les lecteurs modernes. Ses contes reflètent la diversité culturelle de l'Italie et ont enrichi la littérature italienne contemporaine.

En Afrique de l'Ouest, Amadou Hampâté Bâ (1901-1991), écrivain et ethnologue malien, a joué un rôle crucial dans la collecte et la préservation des contes traditionnels. Ses œuvres, telles que "L'Étrange Destin de Wangrin" et "Contes initiatiques peuls", mettent en lumière la richesse du patrimoine oral africain. Hampâté Bâ a souligné l'importance de la tradition orale dans la transmission des savoirs et des valeurs, et son travail a contribué à la reconnaissance et à la valorisation des cultures africaines sur la scène internationale.

Ces collecteurs et folkloristes, parmi tant d'autres, ont apporté une contribution inestimable à la préservation et à la diffusion des contes populaires. Leurs efforts ont permis de sauvegarder des trésors culturels qui, autrement, auraient pu être perdus. Grâce à eux, les récits traditionnels continuent de vivre et d'inspirer les générations futures, enrichissant notre compréhension et notre appréciation de la diversité culturelle mondiale.

CHAPITRE 4 : L'ADAPTATION LITTÉRAIRE DES CONTES

Une fois les contes collectés et formalisés, ils ont commencé à être adaptés dans des œuvres littéraires par des écrivains classiques. Ce chapitre explore les premiers recueils de contes et leur réception, ainsi que les transformations et adaptations par des auteurs comme Andersen et La Fontaine. Nous verrons comment la standardisation des contes et leur diffusion par l'imprimerie ont contribué à leur popularité et à leur évolution littéraire.

4.1 Les premiers recueils de contes et leur réception

Les premiers recueils de contes de fées, compilés à partir des traditions orales, ont joué un rôle fondamental dans l'adaptation littéraire de ces histoires. Leur publication a marqué un tournant décisif dans la manière dont les contes étaient perçus, consommés et transmis. Parmi les premières collections notables, on trouve les travaux de Giovanni Francesco Straparola, Giambattista Basile et Charles Perrault, qui ont chacun contribué à populariser les contes de fées dans la littérature européenne.

Giovanni Francesco Straparola, un écrivain italien du XVIe siècle, est souvent considéré comme l'un des premiers auteurs à avoir publié des contes de fées en format écrit. Son recueil, "Le Piacevoli Notti" (Les Nuits facétieuses), publié en deux volumes entre 1550 et 1555, contient une série de contes encadrés par une narration cadre. Straparola a puisé dans les traditions orales italiennes et européennes, introduisant des récits qui incluaient des éléments fantastiques et merveilleux. Bien que son œuvre n'ait pas connu un succès immédiat, elle a jeté les bases pour les recueils ultérieurs.

Giambattista Basile, un autre écrivain italien, a suivi les traces de Straparola avec son recueil "Lo cunto de li cunti" (Le Conte des contes), également connu sous le nom de "Pentamerone", publié posthumément entre 1634 et 1636. Basile a compilé une cinquantaine de contes de la tradition orale napolitaine, en utilisant un langage riche et imagé. Son œuvre est particulièrement notable pour son style baroque et son humour, ainsi que pour l'inclusion de contes qui deviendront plus tard célèbres sous d'autres versions, tels que "Cendrillon", "Le Chat botté" et "La Belle au bois dormant". Le "Pentamerone" a été bien accueilli en Italie, bien que sa reconnaissance internationale ait pris du temps.

Charles Perrault, un écrivain français du XVIIe siècle, a eu un impact plus immédiat et plus large avec la publication de son recueil "Histoires ou contes du temps passé, avec des moralités" (1697), connu sous le nom de "Les Contes de ma mère l'Oye". Perrault a adapté des contes populaires français, les raffinant pour un public de cour et ajoutant des morales explicites. Son recueil comprenait des contes devenus emblématiques, tels que "Le Petit Chaperon Rouge", "Cendrillon", "La Belle au bois dormant" et "Le Petit Poucet". La réception de l'œuvre de Perrault a été extrêmement positive, marquant le début d'une ère où les contes de fées étaient appréciés comme une forme légitime de littérature.

L'influence de ces premiers recueils s'est étendue bien au-delà de leurs pays d'origine. Ils ont été traduits et adaptés dans de nombreuses langues, contribuant à la diffusion des contes de fées à travers l'Europe et au-delà. Ces publications ont également inspiré d'autres auteurs à collecter et à publier des contes populaires, renforçant l'intérêt pour le folklore et les traditions orales.

La réception de ces premiers recueils a varié selon les contextes culturels et les époques. En général, ils ont été bien accueillis par les élites littéraires et intellectuelles, qui voyaient dans ces contes une source de divertissement et de moralité. Cependant, il y avait aussi des critiques qui considéraient les contes de fées comme des histoires frivoles, destinées principalement aux enfants et aux femmes. Malgré ces critiques, les contes de fées ont progressivement gagné en respectabilité littéraire, en grande partie grâce à la qualité de l'écriture et à la profondeur des thèmes abordés dans les recueils de Straparola, Basile et Perrault.

En conclusion, les premiers recueils de contes de fées ont joué un rôle crucial dans l'adaptation littéraire des histoires issues de la tradition orale. Les travaux de Straparola, Basile et Perrault ont non seulement préservé des récits précieux, mais ils ont également transformé la perception des contes de fées, leur permettant de devenir une partie intégrante de la littérature européenne. Leur réception, à la fois enthousiaste et critique, a ouvert la voie à une tradition riche et variée de contes de fées qui continue d'influencer la culture populaire aujourd'hui.

Au fil des siècles, les contes de fées ont été transformés et adaptés par de nombreux écrivains classiques, qui ont chacun apporté leur propre sensibilité et leur style unique à ces récits traditionnels. Parmi les auteurs les plus influents, Hans Christian Andersen et Jean de La Fontaine se distinguent par leur capacité à renouveler et à enrichir le genre des contes de fées et des fables.

Hans Christian Andersen (1805-1875), écrivain danois, est l'un des conteurs les plus célèbres et les plus prolifiques de l'histoire. Ses contes, publiés pour la première fois en 1835, se distinguent par leur originalité et leur profondeur émotionnelle. Contrairement à de nombreux collecteurs de contes, Andersen n'a pas simplement compilé des récits existants ; il a également créé ses propres histoires, inspirées par les traditions orales mais profondément personnelles. Parmi ses œuvres les plus célèbres, on trouve "La Petite Sirène", "Le Vilain Petit Canard", "La Reine des Neiges" et "Les Habits neufs de l'empereur". Andersen utilisait les contes pour explorer des thèmes universels tels que l'amour, la perte, la transformation et la quête de soi. Son style poétique et sa capacité à capturer des émotions complexes ont rendu ses contes intemporels et profondément touchants, captivant les lecteurs de tous âges.

Jean de La Fontaine (1621-1695), poète français, est surtout connu pour ses fables, publiées en plusieurs volumes entre 1668 et 1694. Inspirées des fables d'Ésope, de Phèdre et d'autres auteurs classiques, les fables de La Fontaine sont des récits brefs, mettant souvent en scène des animaux anthropomorphes pour illustrer des morales et des leçons de vie. La Fontaine a su adapter ces histoires anciennes à son époque, utilisant un langage élégant et une versification raffinée. Ses fables, telles que "La Cigale et la Fourmi", "Le Lièvre et la Tortue" et "Le Corbeau et le Renard", sont devenues des classiques de la littérature française, enseignées dans les écoles et appréciées pour leur sagesse et leur humour. La capacité de La Fontaine à utiliser des récits simples pour commenter les comportements humains et les mœurs sociales a fait de ses fables des œuvres à la fois divertissantes et pédagogiques.

Ces écrivains classiques ont non seulement transformé les contes et les fables par leur style littéraire unique, mais ils ont également enrichi le genre par leur capacité à aborder des thèmes profonds et variés. Andersen et La Fontaine, par leur sensibilité et leur talent narratif, ont permis aux contes de fées et aux fables de transcender leur origine populaire pour devenir des œuvres littéraires reconnues et respectées.

Andersen, par exemple, a souvent infusé ses contes de thèmes autobiographiques, utilisant ses propres expériences de solitude, de rejet et de désir pour informer ses récits. Son conte "Le Vilain Petit Canard" est une métaphore poignante de sa propre transformation d'enfant méprisé en écrivain acclamé. De même, "La Petite Sirène" explore les thèmes de l'amour non partagé et du sacrifice, reflétant les sentiments personnels d'Andersen.

La Fontaine, quant à lui, utilisait ses fables pour critiquer subtilement la société de son époque, y compris les comportements de la cour de Louis XIV et les faiblesses humaines universelles. Par le biais de l'ironie et de l'allégorie, ses fables offraient des commentaires incisifs sur la nature humaine et les dynamiques sociales. Par exemple, "Le Loup et l'Agneau" illustre la tyrannie de la force brute, tandis que "Le Pot de terre et le Pot de fer" met en garde contre les dangers de l'inégalité des forces.

En réinterprétant et en adaptant les contes et les fables traditionnels, Andersen et La Fontaine ont contribué à la perpétuation et à l'évolution de ces genres littéraires. Leurs œuvres ont non seulement diverti des générations de lecteurs, mais ont aussi offert des réflexions profondes sur la condition humaine et les valeurs sociales. Grâce à leur génie créatif, les contes de fées et les fables ont continué à évoluer, trouvant de nouvelles expressions et de nouvelles significations à travers les âges.

4.3 La standardisation des contes et leur diffusion à travers l'imprimerie

L'invention de l'imprimerie au XVe siècle a radicalement transformé la manière dont les contes de fées et les histoires traditionnelles étaient diffusés. Avant cette innovation, les récits se transmettaient principalement par voie orale, ce qui impliquait des variations et des adaptations constantes. Avec l'imprimerie, les contes ont pu être standardisés et largement diffusés, atteignant un public beaucoup plus vaste et diversifié.

Johannes Gutenberg, avec son imprimerie à caractères mobiles, a permis la production en masse de livres à des coûts réduits. Cette révolution technologique a eu un impact significatif sur la littérature, y compris les contes de fées. Les premières éditions imprimées de contes populaires ont commencé à apparaître, permettant de préserver les récits dans des formes plus fixes et uniformes.

La standardisation des contes a débuté avec des auteurs et des collecteurs qui ont compilé et publié ces histoires. Les frères Grimm, avec leur recueil "Kinder- und Hausmärchen", ont non seulement recueilli des contes de la tradition orale allemande, mais ils ont également édité et parfois modifié les histoires pour créer des versions standardisées. Leur travail a permis de figer certaines versions de contes comme les références définitives, bien que les variantes locales continuent d'exister.

En France, Charles Perrault a également contribué à la standardisation des contes de fées avec son recueil "Histoires ou contes du temps passé". En publiant ces contes, Perrault a établi des versions littéraires qui sont devenues les standards pour des histoires telles que "Cendrillon" et "Le Petit Chaperon Rouge". La formalisation de ces récits dans des livres imprimés a contribué à leur diffusion à travers la France et l'Europe, atteignant des lecteurs bien au-delà des cercles où les contes étaient traditionnellement racontés.

L'imprimerie a également facilité la traduction et la diffusion des contes à l'échelle internationale. Les histoires recueillies et publiées par les frères Grimm, Perrault et d'autres ont été rapidement traduites en plusieurs langues, permettant ainsi à des cultures différentes d'accéder aux mêmes récits. Cette diffusion mondiale a contribué à l'universalisation des contes de fées, faisant d'eux des patrimoines culturels partagés par de nombreuses sociétés.

Les recueils de contes standardisés ont également trouvé leur place dans les systèmes éducatifs. Les contes de fées, autrefois considérés comme des histoires pour adultes, ont été intégrés dans les livres pour enfants et utilisés comme outils pédagogiques. Les versions imprimées de ces contes ont rendu les histoires accessibles à un jeune public, contribuant à leur rôle dans la formation morale et culturelle des enfants.

La popularisation des contes à travers l'imprimerie a également encouragé de nouvelles créations littéraires. Les écrivains et les poètes se sont inspirés des contes standardisés pour créer de nouvelles œuvres, enrichissant ainsi la tradition littéraire. Par exemple, les adaptations et les réinterprétations de contes classiques par des auteurs comme Hans Christian Andersen ont donné naissance à des histoires originales qui sont elles-mêmes devenues des classiques.

En conclusion, la standardisation des contes et leur diffusion par l'imprimerie ont marqué une étape cruciale dans l'évolution des contes de fées. Cette transformation a permis de préserver les récits dans des formes plus stables, de les diffuser à une échelle mondiale et de les intégrer dans la culture littéraire et éducative. Grâce à l'imprimerie, les contes de fées ont pu transcender les frontières géographiques et temporelles, continuant d'inspirer et de divertir des générations de lecteurs à travers le monde.

CHAPITRE 5 : LES CONTES DANS LA LITTÉRATURE MODERNE

Les adaptations littéraires des contes de fées ne se sont pas arrêtées avec les auteurs classiques. Ce chapitre se penche sur les réinterprétations et réécritures des contes classiques par des auteurs contemporains, analysant des œuvres significatives et explorant l'influence des contes sur d'autres formes de littérature comme la science-fiction et la fantasy. Nous découvrirons comment ces récits continuent d'inspirer et de captiver les lecteurs modernes.

5.1 Réinterprétations et réécritures des contes classiques par les auteurs contemporains

Les contes de fées classiques, avec leurs thèmes universels et leurs motifs intemporels, ont continué d'inspirer les auteurs contemporains. Ces écrivains ont non seulement préservé les récits traditionnels, mais ont aussi réinterprété et réécrit ces histoires pour refléter les sensibilités et les préoccupations modernes. À travers leurs œuvres, ils ont offert des perspectives nouvelles et souvent subversives sur des contes bien connus, explorant des thèmes tels que le genre, la société, et la psychologie humaine.

L'un des auteurs contemporains les plus influents dans ce domaine est Angela Carter. Dans son recueil de nouvelles "The Bloody Chamber" (1979), Carter revisite des contes de fées classiques tels que "Barbe Bleue", "Le Petit Chaperon Rouge" et "La Belle et la Bête". Elle déconstruit les récits traditionnels pour exposer et critiquer les normes de genre et les dynamiques de pouvoir sous-jacentes. Par exemple, dans sa version de "Barbe Bleue", la jeune épouse devient une héroïne proactive qui découvre les secrets de son mari et trouve une issue par elle-même. Carter utilise un langage riche et évocateur pour ajouter une profondeur psychologique et une complexité morale aux histoires, transformant les contes de fées en récits de découverte de soi et d'émancipation.

Margaret Atwood, une autre figure majeure de la littérature contemporaine, a également exploré les contes de fées dans ses œuvres. Dans sa nouvelle "Bluebeard's Egg" (1983), Atwood revisite le conte de "Barbe Bleue" en transposant l'histoire dans un contexte moderne. Elle utilise le récit pour explorer les thèmes de la trahison, de la naïveté et de la découverte de la vérité. À travers une prose subtile et ironique, Atwood examine les relations entre les hommes et les femmes, offrant une critique sociale incisive qui résonne avec les lecteurs modernes.

Neil Gaiman, connu pour ses œuvres de fantasy, a également contribué à la réinterprétation des contes de fées. Dans son roman "Stardust" (1999), Gaiman mélange des éléments de contes de fées classiques avec des thèmes et des motifs originaux, créant une histoire qui est à la fois familière et nouvelle. Son approche imaginative et son talent narratif permettent de redécouvrir la magie des contes de fées tout en abordant des questions contemporaines telles que la quête de l'identité et le passage à l'âge adulte.

Les réécritures des contes de fées ne se limitent pas à la littérature pour adultes. Les auteurs de littérature jeunesse ont également revisité ces récits pour les adapter aux sensibilités modernes. Par exemple, Gail Carson Levine, dans son roman "Ella

Enchanted" (1997), offre une version réinventée de "Cendrillon" où l'héroïne, Ella, doit surmonter une malédiction d'obéissance. Ce conte explore des thèmes d'autonomie et de résistance, offrant aux jeunes lecteurs un modèle de protagoniste fort et indépendant.

Les réinterprétations des contes de fées par les auteurs contemporains ne se contentent pas de réactualiser les histoires ; elles les enrichissent en ajoutant des couches de signification et en posant des questions pertinentes pour le monde moderne. Ces réécritures permettent de revisiter des récits familiers sous un jour nouveau, offrant des perspectives diversifiées et souvent critiques sur des thèmes universels. En redonnant vie aux contes classiques, les auteurs contemporains continuent de faire évoluer le genre, en le rendant pertinent et captivant pour les lecteurs d'aujourd'hui.

En conclusion, les réinterprétations et réécritures des contes classiques par les auteurs contemporains démontrent la vitalité et la pertinence continue des contes de fées. À travers leurs œuvres, ces écrivains offrent des perspectives nouvelles et enrichissantes, tout en explorant des thèmes modernes et en défiant les conventions. Leur travail contribue à perpétuer la tradition des contes de fées, tout en l'adaptant aux sensibilités et aux préoccupations du XXIe siècle.

Les contes modernes, inspirés par les récits traditionnels mais adaptés aux sensibilités contemporaines, ont donné naissance à une multitude d'œuvres significatives. Ces récits réinventent les motifs classiques des contes de fées, tout en explorant des thèmes modernes et en offrant de nouvelles perspectives. Voici quelques exemples d'œuvres et d'auteurs significatifs qui ont marqué le paysage des contes modernes.

Neil Gaiman - "Coraline" (2002)

Neil Gaiman est un auteur britannique renommé pour ses œuvres de fantasy et de fiction spéculative. Son roman "Coraline" est un exemple parfait de la manière dont un conte moderne peut être à la fois captivant et profondément troublant. "Coraline" raconte l'histoire d'une jeune fille qui découvre une porte secrète dans sa nouvelle maison, menant à un monde parallèle. Ce monde, bien qu'apparemment parfait au premier abord, s'avère être un lieu sinistre contrôlé par la terrifiante "Autre Mère". Gaiman utilise des éléments classiques des contes de fées, comme la quête et le double maléfique, pour explorer des thèmes de courage, d'identité et de famille. Le style sombre et poétique de Gaiman rend ce conte moderne à la fois effrayant et enchanteur, capturant l'imagination des lecteurs de tous âges.

Philip Pullman - "His Dark Materials" (1995-2000)

Philip Pullman est un auteur britannique dont la trilogie "His Dark Materials" est devenue un classique moderne. Composée des romans "Les Royaumes du Nord", "La Tour des Anges" et "Le Miroir d'Ambre", cette série mélange des éléments de contes de fées, de mythologie et de science-fiction. Pullman crée un univers complexe où les âmes des humains prennent la forme d'animaux appelés dæmons, et où des portails mènent à des mondes parallèles. Les aventures de Lyra Belacqua et de Will Parry, les jeunes protagonistes, abordent des thèmes tels que la liberté, la connaissance et la lutte contre l'autorité. La profondeur narrative et la richesse thématique de Pullman font de cette série une œuvre incontournable dans le genre des contes modernes.

J.K. Rowling - "Harry Potter" (1997-2007)

J.K. Rowling a redéfini la littérature jeunesse avec sa série "Harry Potter". Bien que largement considérée comme une série de fantasy, "Harry Potter" intègre de nombreux éléments des contes de fées classiques, tels que la lutte entre le bien et le mal, le héros orphelin et les épreuves initiatiques. Les sept livres suivent Harry Potter, un jeune sorcier, dans sa lutte contre le maléfique Voldemort. Rowling tisse des thèmes universels tels que l'amitié, le courage et le sacrifice, tout en créant un monde magique détaillé et immersif. La popularité mondiale de "Harry Potter" et son impact culturel démontrent la puissance durable des contes de fées, même dans un cadre moderne.

Michael Ende - "L'Histoire sans fin" (1979)

"L'Histoire sans fin" de Michael Ende est un autre exemple emblématique de conte moderne. Ce roman raconte l'histoire de Bastian Balthazar Bux, un garçon qui découvre un livre magique qui le transporte dans le monde fantastique de Fantasia. Ende utilise une narration méta-fictionnelle, où l'histoire de Bastian se mélange avec celle de Fantasia, pour explorer des thèmes de créativité, de désir et de l'évasion. Le roman aborde également des questions philosophiques sur la réalité et l'imaginaire, faisant de cette œuvre une réflexion profonde sur le pouvoir de la littérature et des contes.

Angela Carter - "The Bloody Chamber" (1979)

Angela Carter, avec son recueil "The Bloody Chamber", offre une réinvention radicale des contes de fées traditionnels. Ses nouvelles revisitent des histoires classiques telles que "Barbe Bleue", "Le Petit Chaperon Rouge" et "La Belle et la Bête" avec une perspective féministe et subversive. Carter déconstruit les récits traditionnels pour révéler les dynamiques de pouvoir et de genre sous-jacentes. Son style riche et évocateur ajoute une nouvelle profondeur aux contes, les transformant en récits de découverte de soi et de libération.

Ces œuvres et auteurs illustrent la diversité et la richesse des contes modernes. En réinterprétant et en réécrivant les motifs classiques des contes de fées, ils ont créé des histoires qui résonnent avec les lecteurs contemporains, tout en explorant des thèmes pertinents et en offrant de nouvelles perspectives sur des récits bien connus. Leurs contributions montrent que les contes de fées, loin d'être relégués au passé, continuent d'évoluer et de captiver l'imagination des nouvelles générations.

Les contes de fées ont exercé une influence profonde et durable sur de nombreux genres littéraires, en particulier la science-fiction et la fantasy. Les motifs, les thèmes et les structures narratives des contes traditionnels se retrouvent souvent dans ces genres, où ils sont réinterprétés et adaptés pour explorer de nouvelles idées et imaginations.

La Fantasy

La fantasy est sans doute le genre littéraire le plus directement influencé par les contes de fées. De nombreux auteurs de fantasy ont puisé dans les récits traditionnels pour créer des mondes magiques et des histoires épiques. Par exemple, J.R.R. Tolkien, avec son œuvre monumentale "Le Seigneur des Anneaux", a largement incorporé des éléments des contes de fées, tels que les quêtes héroïques, les créatures fantastiques et les objets magiques. Tolkien lui-même a reconnu l'influence des contes de fées sur son travail, en particulier les mythes nordiques et les légendes celtiques. Son utilisation des archétypes du héros, du mentor et de l'antagoniste maléfique est profondément enracinée dans la tradition des contes de fées.

De même, C.S. Lewis, dans sa série "Le Monde de Narnia", a puisé dans les contes de fées pour créer un univers parallèle peuplé de créatures mythiques et de magie. Les thèmes de la lutte entre le bien et le mal, de la rédemption et de la découverte de soi sont omniprésents dans ses récits. Les aventures des enfants Pevensie à Narnia rappellent les quêtes initiatiques des héros de contes de fées, où ils doivent surmonter des épreuves et apprendre des leçons morales.

La Science-Fiction

La science-fiction, bien que souvent perçue comme un genre plus technologique et futuriste, a également été influencée par les contes de fées. De nombreux auteurs de science-fiction utilisent des structures narratives similaires et explorent des thèmes universels tels que la quête de l'identité, la lutte contre les forces maléfiques et la découverte de mondes inconnus. Par exemple, les œuvres de Ray Bradbury, comme "Les Chroniques martiennes", intègrent des éléments de conte de fées dans des récits de science-fiction. Bradbury crée des mondes étranges et merveilleux, tout en explorant des thèmes de la nostalgie, de la perte et du désir.

Ursula K. Le Guin, une figure majeure de la science-fiction et de la fantasy, a également incorporé des motifs de contes de fées dans ses œuvres. Dans "La Main gauche de la nuit" et "Le Cycle de Terremer", Le Guin utilise des structures narratives de quête et des thèmes de transformation et de découverte de soi, rappelant les récits traditionnels. Ses personnages doivent souvent naviguer dans des mondes complexes et inconnus, semblables aux héros de contes de fées qui s'aventurent dans des royaumes enchantés.

Hybridations et Intertextualité

Les contes de fées ont également inspiré des œuvres hybrides qui mêlent éléments de fantasy et de science-fiction. Par exemple, Neil Gaiman, dans "Neverwhere", crée un monde souterrain fantastique sous Londres, où des éléments de science-fiction et de conte de fées se côtoient. Les personnages de Gaiman évoluent dans un espace où la magie et la technologie coexistent, reflétant une hybridation des genres.

Margaret Atwood, dans "The Handmaid's Tale" (La Servante écarlate), bien que principalement une dystopie, incorpore des éléments de conte de fées pour accentuer le caractère oppressif et archaïque de la société qu'elle décrit. Les récits de princesses captives et de reines maltraitées résonnent dans l'histoire d'Offred, ajoutant une dimension mythique à son combat pour la liberté.

Réécritures et Subversions

De nombreux auteurs contemporains réécrivent et subvertissent les contes de fées dans des contextes de science-fiction et de fantasy. Naomi Novik, dans "Uprooted" (Déracinée), réinvente le conte de "La Belle et la Bête" en ajoutant des éléments de magie sombre et de politique complexe. Leigh Bardugo, dans sa série "Grisha", intègre des motifs de contes de fées russes dans un univers fantasy riche et détaillé, explorant des thèmes de pouvoir, de loyauté et de sacrifice.

En conclusion, l'influence des contes de fées sur la science-fiction et la fantasy est indéniable. Ces genres, tout en explorant de nouveaux horizons et en repoussant les limites de l'imagination, continuent de puiser dans les structures narratives, les motifs et les thèmes des contes traditionnels. Cette intertextualité enrichit les récits modernes, leur conférant une profondeur et une résonance qui captivent les lecteurs à travers les générations.

CHAPITRE 6 : LES CONTES DANS LES MÉDIAS MODERNES

Avec l'avènement de nouvelles technologies et de nouveaux médias, les contes de fées ont trouvé de nouveaux moyens de se réinventer et de toucher un public encore plus large. Ce chapitre explore les adaptations cinématographiques et télévisuelles des contes classiques, leur présence dans les jeux vidéo et les bandes dessinées, et l'impact de la culture populaire sur l'évolution de ces récits intemporels.

Les contes de fées, avec leur richesse narrative et leurs thèmes universels, ont longtemps été une source d'inspiration pour le cinéma et la télévision. Les adaptations cinématographiques et télévisuelles des contes classiques ont non seulement permis de redécouvrir ces histoires intemporelles, mais elles ont également offert de nouvelles interprétations et perspectives, touchant des générations de spectateurs à travers le monde.

Les Adaptations de Disney

Les studios Disney ont joué un rôle central dans la popularisation des contes de fées au cinéma. Depuis la sortie de "Blanche-Neige et les Sept Nains" en 1937, Disney a adapté de nombreux contes classiques en films d'animation. Chaque adaptation de Disney a apporté une touche unique, mélangeant des éléments de la tradition orale avec des innovations narratives et visuelles.

"Blanche-Neige et les Sept Nains", basé sur le conte des frères Grimm, est le premier long métrage d'animation de Disney et a posé les bases pour les futures adaptations de contes de fées. Le film a conservé les éléments principaux du conte tout en introduisant des personnages et des chansons mémorables, qui sont devenus des emblèmes culturels.

"Cendrillon" (1950), "La Belle au bois dormant" (1959) et "La Petite Sirène" (1989) sont d'autres exemples d'adaptations réussies. Chaque film, tout en restant fidèle à l'esprit du conte original, a incorporé des éléments de musique, de comédie et de drame, créant des œuvres cinématographiques qui ont touché un large public. Ces adaptations ont non seulement popularisé les contes de fées auprès des enfants, mais ont également résonné avec les adultes, grâce à leurs thèmes universels de l'amour, du courage et de la résilience.

Réinterprétations Modernes

Les réinterprétations modernes des contes de fées à l'écran

ont souvent cherché à explorer des perspectives nouvelles et à approfondir les personnages et les thèmes. Des films comme "Maléfique" (2014) offrent une version alternative de "La Belle au bois dormant", en racontant l'histoire du point de vue de la méchante. Ce film a humanisé le personnage de Maléfique, ajoutant des nuances et une profondeur émotionnelle qui n'étaient pas présentes dans le conte original.

"Blanche-Neige et le Chasseur" (2012) est une autre réinterprétation qui a apporté une perspective plus sombre et plus adulte au conte de Blanche-Neige. En mettant l'accent sur l'action et l'aventure, le film a transformé le conte en une épopée fantastique, tout en explorant des thèmes de pouvoir, de vengeance et de rédemption.

Séries Télévisées

Les contes de fées ont également été adaptés avec succès pour la télévision, où des séries comme "Once Upon a Time" (2011-2018) ont captivé le public avec leur mélange de personnages de contes classiques et d'intrigues modernes. "Once Upon a Time" a introduit une multitude de personnages issus de différents contes de fées, en les plaçant dans des contextes contemporains et en tissant des arcs narratifs complexes. La série a exploré des thèmes de destin, de sacrifice et de rédemption, tout en offrant des interprétations innovantes des récits traditionnels.

Une autre série notable est "Grimm" (2011-2017), qui a réimaginé les contes des frères Grimm dans un cadre moderne, en mélangeant les genres du policier et du fantastique. La série suit un détective qui découvre qu'il est le dernier descendant d'une lignée de chasseurs de créatures surnaturelles, les "Grimm". Chaque épisode présente des créatures et des motifs issus des contes de fées, intégrés dans des histoires de crime et de mystère.

Influence Culturelle et Impact

Les adaptations cinématographiques et télévisuelles des contes de fées ont eu un impact culturel considérable. Elles ont contribué à la perpétuation et à la transformation des récits traditionnels, les rendant accessibles à un public mondial et les adaptant aux sensibilités contemporaines. Ces adaptations ont également influencé d'autres formes de médias, comme les jeux vidéo, les bandes dessinées et la littérature jeunesse.

En conclusion, les contes de fées ont trouvé une nouvelle vie et une nouvelle audience grâce aux adaptations cinématographiques et télévisuelles. Ces œuvres, tout en respectant souvent l'essence des récits originaux, apportent des perspectives fraîches et des innovations narratives qui continuent de captiver et d'inspirer les spectateurs. Les contes de fées, grâce à leur universalité et à leur capacité d'adaptation, demeurent des histoires intemporelles qui trouvent toujours un écho dans le monde moderne.

6.2 Les contes dans les jeux vidéo et les bandes dessinées

Les contes de fées ont également trouvé de nouvelles expressions dans les médias modernes tels que les jeux vidéo et les bandes dessinées. Ces formes de divertissement offrent des moyens uniques et interactifs de revisiter et de réinterpréter les récits classiques, tout en attirant un public diversifié.

Les contes dans les jeux vidéo

Les jeux vidéo ont exploité les richesses narratives des contes de fées pour créer des expériences immersives et interactives. Ces jeux permettent aux joueurs de devenir des participants actifs dans les récits, offrant une dimension nouvelle et engageante à ces histoires traditionnelles.

L'un des exemples les plus notables est la série "The Legend of Zelda" de Nintendo. Bien que ne reprenant pas directement des contes spécifiques, la série s'inspire fortement des motifs et des thèmes des contes de fées. Le héros, Link, embarque dans des quêtes épiques pour sauver la princesse Zelda et combattre le maléfique Ganon, rappelant les archétypes du chevalier, de la princesse et du dragon. Les éléments magiques, les royaumes fantastiques et les épreuves initiatiques sont omniprésents, ancrant la série dans la tradition des contes de fées tout en offrant une expérience interactive unique.

Un autre jeu significatif est "The Witcher" de CD Projekt Red, basé sur les romans de l'auteur polonais Andrzej Sapkowski. La série de jeux explore un monde riche en folklore et en mythologie, où le protagoniste, Geralt de Riv, chasse des monstres et navigue dans des intrigues politiques complexes. Les contes de fées sont intégrés dans les quêtes secondaires et les arcs narratifs, souvent avec une touche subversive ou sombre. Par exemple, des histoires comme celle de "Blanche-Neige" sont réinterprétées de manière mature et nuancée, explorant les conséquences psychologiques et morales des récits traditionnels.

"Kingdom Hearts", une série de jeux vidéo développée par Square Enix, combine les univers de Disney avec ceux de la franchise "Final Fantasy". Les joueurs voyagent à travers différents mondes inspirés des films Disney, interagissant avec des personnages de contes de fées comme "La Belle et la Bête", "Cendrillon" et "Aladdin". Ce mélange de récits classiques et de gameplay moderne permet de revisiter ces histoires sous un nouvel angle, tout en intégrant des éléments de fantasy contemporaine.

Les contes dans les bandes dessinées

Les bandes dessinées offrent également un moyen dynamique et visuel de réinterpréter les contes de fées. Des artistes et des écrivains utilisent le format séquentiel pour explorer des histoires classiques avec une nouvelle profondeur et une créativité visuelle.

"Fables", une série de bandes dessinées créée par Bill Willingham et publiée par Vertigo, est un exemple emblématique. La série raconte l'histoire de personnages de contes de fées et de folklore qui vivent en exil à New York après avoir été chassés de leurs royaumes par un ennemi mystérieux. Des personnages comme Blanche-Neige, le Grand Méchant Loup et Cendrillon prennent des rôles complexes et nuancés, souvent très différents de leurs incarnations traditionnelles. "Fables" explore des thèmes de rédemption, de pouvoir et de communauté, tout en offrant des récits captivants et visuellement impressionnants.

"Sandman" de Neil Gaiman, bien que principalement axé sur le fantastique et l'horreur, intègre de nombreux éléments de contes de fées et de mythologie. Le personnage de Morpheus, le Seigneur des Rêves, navigue dans un monde peuplé de créatures mythiques et de personnages littéraires, y compris ceux des contes de fées. Gaiman utilise les contes pour enrichir ses récits, ajoutant des couches de signification et de symbolisme qui résonnent avec les lecteurs.

"Once Upon a Time Machine" est une autre série de bandes dessinées qui réinvente les contes de fées classiques dans des contextes futuristes et de science-fiction. Les récits traditionnels sont transposés dans des univers cyberpunk ou post-apocalyptiques, offrant des interprétations originales et innovantes des histoires bien connues.

En conclusion, les contes de fées continuent d'inspirer et de trouver de nouvelles formes d'expression dans les jeux vidéo et les bandes dessinées. Ces médias modernes offrent des possibilités créatives uniques pour réinterpréter et réinventer les récits classiques, permettant à ces histoires intemporelles de rester pertinentes et captivantes pour les générations actuelles et futures. Les jeux vidéo et les bandes dessinées enrichissent la tradition des contes de fées, ajoutant des dimensions interactives et visuelles qui prolongent leur influence culturelle.

La culture populaire a exercé une influence profonde sur l'évolution des contes de fées, transformant ces récits traditionnels pour les adapter aux sensibilités contemporaines et aux divers médias modernes. À travers le cinéma, la télévision, la littérature, les jeux vidéo et les bandes dessinées, les contes de fées ont été réinventés et popularisés de manière inédite, leur permettant de rester pertinents et captivants pour les nouvelles générations.

Cinéma et Télévision

Le cinéma et la télévision ont joué un rôle crucial dans la transformation des contes de fées. Les adaptations de Disney, par exemple, ont standardisé et popularisé des versions spécifiques de contes classiques, comme "Blanche-Neige", "Cendrillon" et "La Belle et la Bête". Ces adaptations ont non seulement rendu ces histoires accessibles à un large public, mais elles ont également influencé la manière dont les contes de fées sont perçus et interprétés culturellement.

Des séries télévisées comme "Once Upon a Time" et "Grimm" ont également contribué à l'évolution des contes de fées en les réimaginant dans des contextes modernes. Ces séries mélangent des éléments des contes traditionnels avec des intrigues contemporaines, explorant des thèmes de rédemption, de justice et de pouvoir à travers des récits entrelacés. L'impact de ces séries sur la culture populaire est indéniable, car elles introduisent de nouveaux aspects aux histoires classiques tout en captivant un public diversifié.

Littérature et Bandes Dessinées

Les réinterprétations littéraires des contes de fées par des auteurs contemporains comme Angela Carter, Neil Gaiman et Margaret Atwood ont enrichi et complexifié ces récits traditionnels. Leurs œuvres offrent des perspectives nouvelles et souvent subversives, explorant des thèmes de pouvoir, de genre et d'identité. Ces réécritures littéraires ont non seulement renouvelé l'intérêt pour les contes de fées, mais elles ont aussi élargi leur portée en les rendant pertinents pour les lecteurs modernes.

Les bandes dessinées, avec des séries comme "Fables" de Bill Willingham et "Sandman" de Neil Gaiman, ont également transformé les contes de fées en explorant des récits complexes et visuellement riches. Ces œuvres intègrent des éléments de mythologie, de folklore et de contes de fées, créant des mondes interconnectés où les personnages classiques prennent de nouvelles dimensions. L'impact culturel de ces bandes dessinées est significatif, car elles offrent des interprétations dynamiques et modernes des contes de fées traditionnels.

Jeux Vidéo

Les jeux vidéo ont ouvert une nouvelle dimension à l'évolution des contes de fées en permettant une interaction directe avec les récits. Des jeux comme "The Legend of Zelda", "The Witcher" et "Kingdom Hearts" utilisent des éléments des contes de fées pour créer des expériences immersives et narratives. Les joueurs peuvent explorer des mondes fantastiques, affronter des adversaires mythiques et résoudre des quêtes épiques, incarnant les héros des contes de fées dans des contextes interactifs.

L'influence des jeux vidéo sur la culture populaire est immense, car ils offrent une manière unique de vivre et de revisiter les contes de fées. Ces jeux transforment les récits passifs en expériences actives, permettant aux joueurs de s'immerger dans les histoires et de participer à leur évolution.

Interconnectivité et Hybridation

La culture populaire moderne se caractérise par une interconnectivité et une hybridation des genres et des médias. Les contes de fées ne sont plus confinés à un seul format ou à une seule interprétation ; ils sont réinventés et réinterprétés à travers divers médias, créant des versions multiples et souvent interconnectées. Cette hybridation enrichit les contes de fées, leur permettant de s'adapter et de se renouveler continuellement.

Par exemple, un conte de fées peut être adapté en film, puis en jeu vidéo, en série télévisée et en bande dessinée, chaque version apportant une nouvelle perspective et une nouvelle dimension au récit original. Cette dynamique de transformation et de réinvention est essentielle à l'évolution des contes de fées dans la culture populaire moderne.

En conclusion, l'impact de la culture populaire sur l'évolution des contes de fées est profond et multifacette. À travers le cinéma, la télévision, la littérature, les jeux vidéo et les bandes dessinées, les contes de fées ont été réinventés et popularisés, leur permettant de rester pertinents et captivants pour les nouvelles générations. Cette interaction dynamique entre les contes de fées et la culture populaire assure la pérennité et la vitalité de ces récits intemporels.

CHAPITRE 7 : L'IMPACT DES CONTES SUR LA SOCIÉTÉ MODERNE

Enfin, nous examinerons l'impact profond et durable des contes de fées sur la société moderne. Ce chapitre aborde leur rôle en tant qu'outils pédagogiques dans l'éducation, leur influence sur les valeurs et les normes culturelles modernes, et leur importance dans le développement personnel et la psychologie. En comprenant l'impact des contes, nous réalisons à quel point ces histoires continuent de façonner nos vies et notre culture.

7.1 Les contes comme outils pédagogiques et leur utilisation dans l'éducation

Les contes de fées ont toujours occupé une place spéciale dans l'éducation des enfants. Leur structure narrative simple, leurs personnages archétypaux et leurs leçons morales claires en font des outils pédagogiques efficaces. Utilisés à travers le monde, les contes de fées aident non seulement à transmettre des valeurs et des normes culturelles, mais aussi à développer des compétences linguistiques, cognitives et émotionnelles chez les jeunes apprenants.

Transmission des Valeurs et des Normes

Les contes de fées sont souvent utilisés pour transmettre des valeurs morales et des normes sociales. Ils mettent en scène des situations où le bien triomphe du mal, la justice prévaut, et les vertus telles que la générosité, la bravoure et l'honnêteté sont récompensées. Par exemple, des histoires comme "Cendrillon" enseignent la patience et la gentillesse, tandis que "Le Petit Chaperon Rouge" met en garde contre les dangers de la désobéissance et de la naïveté.

Dans un cadre éducatif, ces récits permettent aux enseignants de discuter de ces valeurs avec les élèves, d'explorer les conséquences des actions des personnages et d'encourager les enfants à réfléchir sur leur propre comportement. Les contes de fées offrent un cadre sûr et familier pour aborder des questions complexes de morale et d'éthique.

Développement des Compétences Linguistiques

Les contes de fées sont également des outils précieux pour le développement des compétences linguistiques. Leur langage souvent répétitif et rythmé aide les enfants à développer leur vocabulaire, leur compréhension de la structure narrative et leur capacité à raconter des histoires. Les récits sont généralement écrits dans un langage simple et accessible, ce qui les rend appropriés pour l'apprentissage de la lecture et de l'écriture.

Les enseignants utilisent les contes de fées pour introduire des concepts littéraires tels que le thème, le conflit et la résolution, ainsi que des dispositifs stylistiques comme les métaphores et les allusions. En lisant et en discutant de ces histoires, les élèves apprennent à analyser et à interpréter le texte, renforçant ainsi leurs compétences en lecture critique.

Stimulation de l'Imagination et de la Créativité

Les contes de fées stimulent l'imagination et la créativité des enfants. Les mondes fantastiques, les personnages magiques et les aventures extraordinaires inspirent les jeunes à créer leurs propres histoires et à explorer leur propre créativité. Dans un environnement éducatif, les contes de fées peuvent servir de tremplin pour des activités créatives telles que l'écriture d'histoires, le dessin, le théâtre et le jeu de rôle.

Les enseignants peuvent encourager les élèves à réécrire des contes de fées du point de vue d'un personnage secondaire, à imaginer une suite à une histoire classique ou à inventer leur propre conte de fées en utilisant des éléments traditionnels. Ces activités non seulement stimulent la créativité, mais elles aident également les élèves à comprendre les structures narratives et à développer leurs compétences en écriture et en expression orale.

Développement Émotionnel et Psychologique

Les contes de fées jouent un rôle important dans le développement émotionnel et psychologique des enfants. Les récits abordent souvent des peurs et des désirs universels, permettant aux enfants de confronter et de comprendre leurs propres émotions. Par exemple, des histoires comme "Hansel et Gretel" traitent des peurs de l'abandon et de la faim, tandis que "La Belle et la Bête" explore les thèmes de l'amour et de la transformation.

En discutant des émotions et des expériences des personnages, les enseignants peuvent aider les élèves à identifier et à exprimer leurs propres sentiments. Les contes de fées offrent un moyen de parler de sujets difficiles d'une manière qui est à la fois accessible et rassurante pour les enfants. Ils fournissent également des modèles de résilience et de résolution de problèmes, montrant comment les personnages surmontent les obstacles et trouvent des solutions.

Intégration Culturelle et Identitaire

Les contes de fées jouent également un rôle dans l'intégration culturelle et la formation de l'identité. En racontant des histoires issues de différentes traditions culturelles, les enseignants peuvent promouvoir la diversité et la compréhension interculturelle. Les contes de fées de différentes cultures mettent en lumière des valeurs et des perspectives variées, aidant les élèves à développer un respect et une appréciation pour les cultures différentes de la leur.

Dans les contextes où les élèves viennent de milieux culturels divers, les contes de fées peuvent servir de point de connexion et de partage. En écoutant et en racontant des histoires de leurs propres traditions, les élèves peuvent renforcer leur sentiment d'appartenance et de fierté culturelle.

En conclusion, les contes de fées sont des outils pédagogiques puissants et polyvalents. Ils aident à transmettre des valeurs morales, à développer des compétences linguistiques, à stimuler l'imagination, à soutenir le développement émotionnel et à promouvoir la diversité culturelle. Leur utilisation dans l'éducation continue de prouver leur valeur en tant qu'instruments d'apprentissage et de développement pour les jeunes générations.

Les contes de fées ont une influence profonde et durable sur les valeurs et les normes culturelles modernes. En étant racontés et réinterprétés à travers les générations, ces récits intemporels continuent de façonner les comportements, les attentes et les croyances au sein de la société. Leur impact se manifeste dans divers aspects de la vie culturelle, sociale et personnelle.

Modèles de Comportement et Idéaux

Les contes de fées offrent des modèles de comportement et des idéaux qui influencent les normes culturelles modernes. Les personnages héroïques comme Cendrillon, Blanche-Neige et le Prince Charmant incarnent des vertus telles que la bonté, la bravoure et l'honnêteté. Ces personnages servent de modèles pour les comportements souhaités, inspirant les individus à adopter des attitudes et des actions positives.

Par exemple, le personnage de Cendrillon, qui reste gentille et persévérante malgré l'adversité, valorise la résilience et la patience. De même, les princes et les chevaliers, qui sauvent les princesses et combattent le mal, incarnent le courage et la protection. Ces idéaux se reflètent dans les attentes sociales et culturelles concernant le comportement approprié, surtout chez les jeunes.

Rôles de Genre et Stéréotypes

Les contes de fées jouent également un rôle dans la formation des rôles de genre et des stéréotypes. Historiquement, les contes ont souvent présenté des rôles traditionnels de genre, avec des princesses en détresse et des héros masculins sauveurs. Ces représentations ont contribué à façonner les attentes sociales concernant les rôles et les comportements des hommes et des femmes.

Cependant, la réinterprétation moderne des contes de fées a

commencé à remettre en question et à subvertir ces stéréotypes. Des récits contemporains et des adaptations cinématographiques présentent des héroïnes fortes et indépendantes, comme Mérida dans "Rebelle" ou Elsa dans "La Reine des Neiges". Ces personnages offrent des modèles alternatifs, promouvant l'égalité des sexes et la diversité des rôles de genre.

Valeurs Morales et Éthiques

Les contes de fées transmettent des valeurs morales et éthiques qui continuent de résonner dans la culture moderne. Les thèmes du bien contre le mal, de la justice et de la récompense des vertus sont omniprésents dans ces récits. Les leçons morales des contes de fées, telles que l'importance de l'honnêteté, de la générosité et du courage, sont intégrées dans les normes culturelles et les attentes sociales.

Ces valeurs morales se manifestent dans divers aspects de la vie quotidienne, y compris l'éducation, la littérature et les médias. Les contes de fées fournissent un cadre pour enseigner et renforcer ces valeurs, en aidant à façonner les normes éthiques et les comportements au sein de la société.

Influence sur la Littérature et les Médias

Les contes de fées ont une influence significative sur la littérature et les médias modernes. Les motifs, les archétypes et les thèmes des contes de fées se retrouvent dans une multitude d'œuvres littéraires, cinématographiques et télévisuelles. Les écrivains et les créateurs utilisent les structures narratives et les éléments symboliques des contes pour aborder des questions contemporaines et pour explorer des thèmes universels.

Les histoires de transformation, de quête et de triomphe sur l'adversité, courantes dans les contes de fées, sont également présentes dans les récits modernes. Ces motifs permettent de relier les expériences modernes aux traditions anciennes, offrant des récits qui résonnent profondément avec le public.

Normes Sociales et Attentes Collectives

Les contes de fées influencent également les normes sociales et les attentes collectives. Les récits de mariage, de bonheur éternel et de triomphe de l'amour influencent les idéaux et les aspirations en matière de relations et de vie familiale. Les images de la beauté et de la perfection, souvent présentes dans les contes de fées, ont un impact sur les standards culturels de l'apparence et de la réussite.

Cependant, les adaptations modernes des contes de fées commencent à remettre en question et à diversifier ces normes. Les récits qui valorisent l'authenticité, la diversité et l'inclusivité contribuent à élargir les attentes culturelles et à promouvoir une vision plus équilibrée et réaliste de la vie.

En conclusion, les contes de fées continuent d'influencer les valeurs et les normes culturelles modernes de manière profonde et durable. En transmettant des modèles de comportement, des valeurs morales et des idéaux, ces récits façonnent les attitudes et les croyances au sein de la société. Leur capacité à évoluer et à s'adapter aux sensibilités contemporaines assure leur pertinence continue, tout en enrichissant le tissu culturel de la société moderne.

7.3 Les contes et leur rôle dans le développement personnel et la psychologie

Les contes de fées jouent un rôle crucial dans le développement personnel et la psychologie, offrant des outils pour comprendre les émotions, résoudre des conflits intérieurs et naviguer à travers les différentes étapes de la vie. En intégrant des archétypes universels et des leçons profondes, ces récits aident les individus à se connaître eux-mêmes et à développer leur résilience et leur bien-être émotionnel.

Exploration de l'Inconscient

Les contes de fées touchent souvent à des thèmes profonds et universels qui résonnent avec l'inconscient collectif, un concept développé par Carl Jung. Les symboles et les archétypes présents dans ces récits, tels que la forêt enchantée, le héros en quête, et la transformation magique, offrent des moyens de comprendre et d'explorer les aspects cachés de la psyché. Par exemple, la forêt peut symboliser l'inconnu ou les défis personnels à surmonter, tandis que le voyage du héros peut représenter le parcours individuel vers la réalisation de soi.

Résolution des Conflits Intérieurs

Les contes de fées mettent souvent en scène des conflits et des épreuves que les personnages doivent surmonter, reflétant les luttes internes que les individus peuvent rencontrer dans leur propre vie. En suivant les aventures des personnages, les lecteurs ou auditeurs peuvent identifier et externaliser leurs propres problèmes, les rendant plus faciles à comprendre et à gérer. Par exemple, les luttes de Cendrillon contre l'injustice et l'oppression peuvent aider les individus à réfléchir sur leurs propres expériences de lutte et de résilience.

Développement de la Résilience

Les contes de fées sont souvent des histoires de triomphe sur l'adversité, où les personnages surmontent des obstacles considérables pour atteindre un objectif ou un état de bonheur. Ces récits offrent des modèles de résilience et de persévérance, montrant comment des qualités telles que le courage, la détermination et l'ingéniosité peuvent mener au succès. En s'identifiant aux personnages des contes de fées, les individus peuvent renforcer leur propre capacité à faire face aux défis et à rebondir après les échecs.

Construction de l'Identité

Les contes de fées jouent un rôle important dans la construction de l'identité, en particulier chez les enfants. Les récits de transformation et de croissance, comme ceux de "Le Vilain Petit Canard" ou "La Belle et la Bête", offrent des métaphores puissantes pour le développement personnel. Ces histoires montrent comment les personnages évoluent et découvrent leur véritable potentiel, aidant les jeunes à comprendre et à accepter leur propre processus de maturation et de découverte de soi.

Expression des Émotions

Les contes de fées permettent l'expression et la gestion des émotions. Les situations extrêmes et les personnages archétypaux offrent un cadre pour explorer des sentiments intenses tels que la peur, la colère, la tristesse et la joie. En lisant ou en écoutant ces histoires, les individus peuvent mieux comprendre et gérer leurs propres émotions. Par exemple, l'histoire de "Hansel et Gretel" peut aider les enfants à affronter leurs peurs de l'abandon et de l'insécurité.

Thérapie et Psychologie

Les contes de fées sont utilisés dans des contextes thérapeutiques pour aider les individus à travailler à travers leurs problèmes psychologiques. La thérapie par les contes de fées, une méthode développée par des psychologues comme Bruno Bettelheim, utilise les récits traditionnels pour faciliter la discussion et la réflexion sur les défis personnels. Les contes de fées offrent un espace sûr pour explorer des problèmes difficiles, permettant aux individus de projeter leurs propres expériences sur les personnages et les situations des histoires.

Les contes de fées enseignent également des leçons morales et éthiques, aidant les individus à développer leur sens de la justice, de la compassion et de l'empathie. Les récits de récompense et de punition, où les bons sont récompensés et les méchants sont punis, renforcent les concepts de bien et de mal. Ces leçons aident à guider le développement moral des individus, en particulier des enfants, en leur offrant des modèles de comportement éthique à suivre.

En conclusion, les contes de fées jouent un rôle multifacette dans le développement personnel et la psychologie. En offrant des moyens d'explorer l'inconscient, de résoudre des conflits intérieurs, de développer la résilience, de construire l'identité, d'exprimer les émotions et de comprendre les leçons morales, ces récits continuent d'être des outils précieux pour le bien-être émotionnel et psychologique. Leur impact durable témoigne de leur pouvoir universel et de leur pertinence continue dans la vie moderne.

CONCLUSION

Les contes de fées, avec leur richesse narrative et leurs thèmes universels, ont traversé les siècles en évoluant et en s'adaptant aux contextes culturels et sociaux de chaque époque. De la tradition orale aux adaptations littéraires, cinématographiques, télévisuelles et numériques, ces récits ont conservé leur pouvoir de captiver, d'instruire et d'inspirer.

Nous avons exploré comment les contes ont été transmis de génération en génération par les conteurs itinérants et les traditions locales, et comment ces histoires ont été collectées, formalisées et standardisées par des figures comme les frères Grimm et Charles Perrault. Nous avons également examiné les réinterprétations et les adaptations modernes, qui continuent de renouveler l'intérêt pour ces récits intemporels, en les intégrant dans des œuvres littéraires, des films, des séries télévisées, des jeux vidéo et des bandes dessinées.

Les contes de fées ont un impact profond sur les valeurs et les normes culturelles modernes, en influençant nos perceptions des rôles de genre, des idéaux moraux et des comportements sociaux. Ils jouent également un rôle crucial dans le développement personnel et la psychologie, offrant des outils pour comprendre les émotions, résoudre des conflits intérieurs et naviguer à travers les différentes étapes de la vie.

Aujourd'hui, les contes de fées continuent de vivre et d'évoluer grâce à leur capacité à s'adapter aux nouvelles formes de médias et aux sensibilités contemporaines. Leur influence durable témoigne de leur pouvoir universel et de leur pertinence continue dans la société moderne. Que ce soit à travers la lecture, le visionnage ou l'interaction, les contes de fées nous invitent à explorer des mondes fantastiques, à découvrir des vérités profondes et à rêver de possibilités infinies.

Nous espérons que ce livre vous a offert une perspective enrichissante sur l'évolution des contes de fées et leur impact sur notre culture et notre société. Que vous soyez un passionné de littérature, un étudiant ou simplement un amoureux des histoires, nous vous invitons à continuer à explorer et à partager la magie des contes de fées. Merci de nous avoir accompagnés dans ce voyage à travers le monde merveilleux des contes, et nous vous souhaitons de nombreuses autres aventures enchantées à venir.